伴你分享

心靈成長的喜悅

呂大朋 著

文學叢刊之八十五

文史哲出版社印行

國家圖書館出版品預行編目資料

心靈成長的喜悅 / 呂大朋著. -- 初版. -- 臺北市 : 文史哲, 民 88
面 ; 公分. -- (文學叢刊 ; 85)
ISBN 957-549-189-0 (平裝)

1.修身

192.1 88000743

文學叢刊 ⑧⑤

心靈成長的喜悅

著者：呂大朋
出版者：文史哲出版社
登記證字號：行政院新聞局版臺業字五三三七號
發行人：彭正雄
發行所：文史哲出版社
印刷者：文史哲出版社
臺北市羅斯福路一段七十二巷四號
郵政劃撥帳號：一六一八〇一七五
電話 886-2-23511028 · 傳眞 886-2-23965656

實價新臺幣二六〇元

中華民國八十八年一月初版

ISBN 957-549-189-0

著者自序

「心靈」是什麼?簡單的說,「心靈」就是心智靈明的意思。也就是透過好學、思辨而產生的思維結晶。

著者自命為新儒家,新儒與舊儒一脈相承。不過,隨著時代的演進,儒術也必須賦予新的生命和新的詮釋。

例如,孟子的性善說與荀子的性惡說、老莊的無善無不善說,同樣有辯證的餘地。

又如,儒家的道德觀,世人總覺「言者諄諄,聽者藐藐」。要想掃除這一人性的盲點,就必須使儒術通俗化。

就以「禮義」的「義」字言，就常被誤以為道德中的高指標。其實，「義」就是適不適宜、應不應該的意思。荀子就曾說過，「仁者人也，義者宜也。」可見行「義」並不難而是知出了問題。

就是由於世人對「道德」缺乏概念，所以，道德重整運動總是起不了作用，以致在「人心惟危，道心惟微」的今日，世界道德重整組織，竟然噤若寒蟬！

道德不振的原因有其多面性，但「曲高和寡」，應為原因之一。例如，在人際關係中，一百句「己不不欲，勿施於人」，抵不上一句「將心比心」的作用大。為什麼？因為，後者很通俗，故能打動人心。

凡此，皆為新儒的思維模式。

更重要的是新儒家確信中庸思想，是現代儒術的主軸。「中庸」一書雖成於子思，但中庸思想的發軔，則始於堯帝，堯禪位於舜，勉之曰「允執厥中」，可見中庸思想源遠流長，而大禹所言「刑期于無刑」，也有「允執厥中」的意涵，他除了長於治水防洪，還有了不起的哲學理念，實在可稱得上亦王亦聖！

不論時代如何演變，中庸思想將永遠「放諸四海而皆準，百世以俟聖人而不惑。」新儒家的使命，在使中庸之道，適用於全方位的人生。因此，本書的壓軸單元，便稱之謂「中庸萬歲」。

本書力求言簡意賅，俾讀者隨時都可一分鐘閱讀一篇，然後細細咀嚼玩味。至於書中的適公是誰，讀者不必好奇，適家兩代人的生活對話，頗具啓發性才是重點。在此，著者願與適家人，伴隨讀者一起分享「心靈成長的喜悅」！

呂大朋 八十八年元旦

心靈成長的喜悅

目　次

富而好禮

目次

將心比心

曲線藝術

中庸萬歲

目　次

讀書一本萬利

宋朝宰相王安石說：「讀書不破費，讀書萬倍利。」的確，一張電影票，就能買本好書。上次餐館，就足夠揹回一袋書。

如以投資的眼光來看，一本萬利的投資，就只有讀書；風險最低的投資，也莫過於讀書。

雖然，交際應酬、休閒娛樂，也是生活所必需，但讀書「充電」，必須成為習慣。學問譬如「能量」，能量只有消耗而不補充，試問光從那兒來？熱從那兒來？

近思錄中有曰：「不學，便老而衰。」這是說，不讀書、不好學，就會腦筋遲鈍、思維退化，智慧明顯不足。雖然人沒老，卻如老人一般的退化！此言，信而不夸。

※ ※

證諸神經醫學分析，腦力運動貴在時常困思敏辨，這就像刀鋒一樣，愈磨愈利。

不學如盲

好學，李沆有妙喻。

宋朝李沆曰：「智猶水也，不流則腐。」意思是說，腦力好比是水。水若奔流不息，就永遠是有用的資源。如果停止流動，便成了一潭污濁的死水！

好學，荀子也有一譬。

荀子把好學，喻為登高遠眺。他說：「跂而望，不如登高之博見也。」跂，就是翹企。把腳踮起來向遠處看，怎能比得上在高處的眼界呢？

書經，成王更說得好。

成王曰：「不學牆面。」不好學就如同面壁而立，眼前一片漆黑，甚麼也看不清，這豈不成了睜眼瞎子？

※　※

李　沆（ㄏㄨㄤˊ），宋朝名臣，與呂蒙正齊名。

荀子本名荀況，周朝人，所著「荀子」一書，凡三十二卷，以崇禮勸學爲論點。

跂，讀ㄑㄧˊ，把腳跕起來的意思。

不學如自棄

不讀書不好學的人，有太多的藉口。而且，越是心靈黯淡的人，越不肯迎向陽光。他的內心世界遍地荊棘蕪草，連一簇小野菊也沒有，卻認為別人不懂得欣賞。

朱熹諄誡後人說：「勿謂今日不學有來日；勿謂今年不學有來年。」

總抱著「明天不遲」心態的人，無異自暴自棄。

白居易也說：「有田不耕倉廩虛，有書不教子孫愚。」要教子孫，也得自身好學。假如，老子肚子空空，又能吐些什麼？

一個小孩問媽媽說：「月亮為什麼不會掉下來？」媽媽說：「我怎麼知道！」從此，這孩子再也不向媽媽請教了。

※　※

朱　熹宋朝人，號晦翁，又稱雲谷老人，其學以窮理致知、躬親實踐爲主，人稱理學大師。

白居易，唐代詩人，號「醉吟先生」，又稱「香山居士」，其詩平易，但能震人心絃。

好學貴乎切磋

有位作家，晚間散步時，經過社區活動中心，看到裡面燈光明亮，一時好奇，不由得探首一窺。這一窺竟被熱情的招手「拉」住了。原來那是一個讀書會，正在進行心得交流。

從此，作家就成為該會的一員。

某次集會，年輕的會員們，建議他舉辦大型演講會，他認為只要一發軔，就會欲罷不能。所以，不表贊同。

「這對您更有教學相長的好處吔！」

「不錯，我每次和各位輕鬆討論，就像是又磨了一次刀，一次比一次鋒利，這已足夠了。」

詩曰：「如切如磋。」讀書心得交流，也是一種成長！

※　※

愛唱歌的人，都知道參加歌唱社團，歌藝進步快。同理，參加讀書會，遠比自讀自思更有成長。

學貴虛心若谷

好學的人，喜歡親近有學問的人，孔子就希望「無友不如我者。」

其實，人皆有所能，有所不能，知識學問也是一樣。好學，就要虛心。子曰：「三人行必有我師。」荀子也說：「非我而當者，吾師也。」只要有人指點我的錯誤或教我不知不會的道理和事務，就是我一言一事之師。

書經有曰：「好問則裕，自用則小。」這也說明虛心若谷的重要性。

睿智若舜，也常虛心下問。巡遊四海，最愛傾聽平民百姓所講的道理。因此，孔子讚曰：「舜其大知也與，舜好問而好察邇言。」可見「不恥下問」不僅是美德一樁！

※　※

舜愛親近民眾，除了探求民隱，還從民眾不同聲音裡，得到不少啓示。帝王尚且虛懷若谷，何況你我！

「好問則裕」，常向人虛心請益，所知必多。「自用則小」，自滿自負，就會變成孤陋寡聞。

好學要知思辨

雖說「開卷有益」，但讀書不能沒有選擇。好書必不離經叛道，反之，當然有害。就以食物作譬，解饞的食品，不一定營養，也可能對某種體質有害。所以，吃東西要選擇，讀書也要有所選擇。

此外，思辨功夫也很重要。縱屬古聖先賢的巨著，也有思辨的空間。孟子曰：「盡信書，不如無書。」這裡所說的書是「尚書」（宋朝改稱書經），尚書是夏朝史官所寫，可是史官也不免有個人私見。所以，孔子說：

「學而不思則罔，思而不學則殆。」原來學與思要循環運作才行。

很多人聽人說話，會在心頭琢磨、琢磨。但讀書就「照單全收」，這種囫圇吞棗式的讀書方法，值得修正！

※　※

「學而不思則罔」，這罔，就是迷惑和沒效果的意思。「思而不學則殆」，這殆，就是荒廢或退步的意思。

不好學如花無蜜

劉教授有個不愛讀書的妻子。某日，他在便箋上寫了兩句警語：

不讀書言語無味；

不好學面目可憎！

妻看了好氣，但這兩句話，卻牢牢地刻入心版，怎麼也抹不掉。於是，她把愛逛百貨公司的習慣，轉移到游走書店。但她搬回來的，卻都是服飾、美容、瘦身一類的書。

未幾，她自信滿滿地，在老公用的便箋上寫道：

「達令，你覺得有什麼改變嗎？」

教授批曰：

滿園春色，不見蜂蝶。言外之意，還是功夫下錯了。

※　※

只要是益智的書都可以讀，但有助於心靈成長的書，才是現代人最最需要的書。否則，人生太多的盲點，都無法掃除！

學貴紮根

適公夫人做完家事，正在看書，仲子從爸爸手中，接過一盤水果，送到媽媽面前。

「我嘛，書讀再多也沒用處。」媽媽看看仲子說。

「子曰：『好學近乎知。』」老爸解釋說：「多讀書，至少會增長智慧。」

適公轉頭瞥見小珍正在清洗魚缸，於是又說：

「左傳，閔子馬曰：『學，殖也。』」

小珍表示聽不懂。

「我懂，好學就像養魚，要細心照顧才養得好。」仲子又說：「記得莊子說：『水之積也不厚，則負大舟也無力。』這是說，學問根基淺，就難以擔當大任！」

※　※

「子曰」，就是孔子說。

「左傳」是「春秋」三傳中的「左氏傳」。閔子馬是魯國大夫，不是孔子門生閔子騫之誤。

常識近乎學問

常識就是日常的見聞，屬於生活層面的知識，當然算不上學問。但人生縱不等於生活，也大半是為了生活而忙碌。因此，常識有時比高深的學問更實際、更有用。

譬如說：「晴天備傘」，即是由經驗而來的生活常識。居住在常年少雨地方的人，對晴天帶把雨傘，會覺得好笑。然而，久居亞熱帶的臺灣人，都對「晴時多雲偶陣雨」感受良深。所以，大太陽天出門帶傘，絕對不是多餘的。

某日，小珍穿越公園的花徑，發現一老翁，倒在涼亭的台階上。她一看就知道是被血糖過高所困。於是，趕緊將一粒方糖塞進他的嘴裡。醫學常識居然幫她救人一命！

※　※

罹患重度糖尿病的人，隨身帶包方糖準沒錯。有骨質疏鬆症的人，穿新鞋別忘了在鞋底貼塊膠布。諸如此類的小常識，卻能避免大意外！

適者必好學

語云：做到老學到老。

科技掛帥的時代，人文的腳步也得加快。不好學，不足以與人競爭。不好學，不足以適應社會的動變。不好學，不懂得生活藝術。不好學，不知如何維繫人際關係。當然也不知如何面對成敗得失。

因此，少小要學，成長要學，老成也要學。專業知能要學，處世哲學要學，生活藝術更要學。

莊子曰：「吾生也有涯，而學也無涯。」唯有好學，才能確實掌握生存權。唯有好學，才有智慧趨吉避凶。唯有好學，才不致為生老病死的煩惱所困。總之，唯有好學不倦，才能成為「優勝劣敗，適者生存」的適者。

※　※

莊子就是莊周，和孟子是同一代的人。他的思想受老子影響很大，崇尚自然，遠離功利，連儒家學說也相當排斥。但他力學的思維，卻與孔孟不謀而合。

學貴厚實學以致用

「『水之積也不厚，則負大舟也無力。』」適公於漱口時喃喃地說。

「仲子，聽見沒有？」適夫人對兒子說：「那是叨唸給你聽的呀！」

「我夠拼了吧？這次出國，決心搬回兩個博士！」

「嗯，有志氣！」老爸從盥洗室出來說：「若是沒有真才實學，即使擁有五個博士學位，也不過如同女人擁有五朵鑲鑽的胸花而已。」

「報載，歸國學人，一千多個博、碩士，競搶十幾個教席。」適夫人感嘆地說：「大多未能學以致用！」

「要為深造而留學，才不致本末倒置了啊！」老爸說。

※ ※

「水之積也不厚，……。」是莊子說的。水流積聚不深，怎能浮得起大船？喻學貴厚實。

莫自以為是

小珍對老爸說：

「爸，哥哥在報紙副刊發表了一篇短文。文中說，大人要隨時注意幼童的安全。像亂摸音響，敲打電視機，偷開冰箱，扭動瓦斯開關，以及扳動浴室的水龍頭等等，都是相當危險的。我說，水龍頭可不是用扳的，哥哥笑我孤陋寡聞，您評評看，是他遣字不當，還是我書沒讀好？」

「你們都沒錯，錯在我們還住在屋齡已高的房子。」

「爸，這與房子新舊有什麼關係？」

「我們最近要換屋，妳搬進新家，就知各種設備，都要重新學習使用。」適公說：「臯陶曰『一日二日、萬幾。』這意思就是說，別看一天兩天，這世界變化可大呢！」

※　※

舊式水龍頭，開關都須扭轉，新式水龍頭只須一扳就可。變換冷熱水，也只須左右撥動，非常省事。

學貴專精也須博通

適公一家搬入新居，住了幾天出了狀況。

一日，清晨起來，發現漂亮的磁磚地板，滲出一灘水！全家腦力激盪，小珍說水是來自浴室，媽咪說可能是牆壁有水管，在裝璜時被敲裂了。後來請技工來，他指出是風景壁紙後面流下來的。因為，適公採用吊扇，貼風景壁紙的師傅，把冷氣滴水管截平，但未封口。天氣酷熱，上層各樓整夜使用冷氣，於是水就走入岔管。

「這就叫做隔行如隔山！」仲子望著小珍說。

「俗話說：『不能樣樣精，也要樣樣通。』」媽咪也說。

「裝璜包括的學問很廣。」適公說：「專業要精，相關的作業也要通，若各自『教戰』，就會出這樣的狀況。」

※　※

雙拼式住宅，其客廳冷氣排水管，各層包於內牆垂直而下，僅岔管外露。若不裝壁掛式冷氣機，就應將岔管管頭截平封牢。

學重思辨不做迂儒

某日，小珍把哥哥仲子交代的事辦砸了，仲子竟說她「嘴上無毛，辦事不牢！」

老爸對女兒的疼愛勝過兒子，聽了這話就責備說：「濫用諺語，別忘了你媽也沒鬍子！」

仲子那憋了很久的疑問，也禁不住脫口而出。「爸，孟子不是說：『盡信書，不如無書？』可是您總愛以古喻今，又把古人的話奉為經典。」

「我沒有盡信古人的話，當疑則疑，當信則信，這就是學貴思辨的道理。」適公說：「像性善說，性惡說，無善無不善說，我都有過批判。管子說的『倉廩實則知禮節，衣食足則知榮辱。』也不盡然，如果泥古就是迂儒。」

※　※

拜金的社會，家財萬貫，不一定就重視禮節；衣食豐足的人家，也未必知道榮辱。所以，管子的話，或許適用於古代的社會，並非「放諸四海而皆準；百世以俟聖人而不惑。」

切忌食古不化

教國文的母親，為寶貝兒子講解論語。兒子讀到「父母在不遠遊，遊必有方。」覺得懂又有點不懂。

媽媽要他試作解釋。

「父母在世的時候，不宜去太遠的地方，若去，也得稟明去那裡。」兒子說：「這是否是說，父母活著時候，最好不出遠門，包括留學在內？」

「讀聖賢書，切忌食古不化。」古代交通不便，若遠離家鄉，平時既不能通信，有事又無法及時趕回來。

現代沒有這些煩惱，但要去那裡仍要說清楚，人在那裡落腳，也要回報平安，以免年邁的父母日夜掛念。更重要的是父母掌握了子女行方，有急事，一個電話就能馬上趕回來！」

※　※

奉養父母是孝道，不使父母牽腸掛肚也是孝道。

好學應重思維，讀古文不要爲文字所困，能琢磨深層寓義，必能有所開悟。

一言之師

適公放下書本，喃喃地說：

「『以天下為之籠，則雀無所逃。』」

「爸，您在叨唸什麼？」小珍問。

「我在琢磨莊子的話，學問的領域，若廣及天地萬物，那就任何問題也困不住了。」

「您的籠子，若真的跟莊子的籠子一樣大，我倒真怕您把媽咪藏不見了。」小珍故作疑慮狀，走過去攏著老爸的肩膀說：「那，我們兄妹不從柵縫漏掉才怪！」

適公哈哈大笑說：

「這話倒有幾分啓示，籠子大柵縫也大，貪大必然失小。同理，量與質也要兼顧，妳可稱得一言之師了！」

※　※

「以天下爲之籠，…………。」的豪語，證明莊子有世界觀。就胸襟氣魄言，有爲者當如是。但以治學而言，精與博要兼顧才是。

把讀書學習當作興趣

小珍在媽媽面前唱起打油詩：

「升學難，難如上青天。秉燭磨刀刀不利，左思右想，不如早進磨刀店！」

媽媽把剪報拿給小珍看。

「『上課專心聽，回家仔細看，不補習不熬夜，努力用功是關鍵。』」小珍唸了引語，再唸大標題：「『超猛小子洪蘊華，跳級考上建中！』」

「明白了吧？洪蘊華並非天資過人，而是把讀書當成興趣。」媽媽說：「最重要的是他好思、好問，別人打電玩成癡，他為書本的知識著迷，這個活生生的例子，應該給妳不少的啓示！」

※　※

把好問、好思當成興趣，那麼，讀書就不是苦事。如果把讀書視爲追求文憑的跳板，那無疑捨本逐末，讀書自然成爲一種負擔。

人生雖短學也無涯

適夫人閱報，一條觸目驚心的標題是「林肯大郡塌陷，數十人活埋！」她楞了一會，問適公說：

「這算天災，還是人禍？」

「天災亦人禍，」適公說：「天災無奈，人禍難了。」

「人禍是建商欺天，還是核發建照的官署失職？」

「即使都不是仍算人禍，哀莫大於心盲，悲莫大於無知。建商、主管機關和購屋者，都昧於豪雨洪水的威力。因而，產生了心盲。」

「這麼說，受害者本身也有錯？」

「雖然不能怪罪購屋者，但這事也證明『學也無涯』的道理。如果，大家不是無知，就不會受害了！」

※　※

學術貴乎專精，知識貴乎廣博。全方位的人生，自須有全方位的知識，才能適應現代人的生存環境。

禮即行為基準

禮者理也，義者宜也。說白一點，禮就是行為的基準，義就是事務的尺度。再白一點，就是規規矩矩做人；正正當當做事。

禮記曰：「禮義者人之大端也。」禮節和道義是立身處世最基本、最重要的修為。又曰：「禮之於人也，猶酒之有蘖也。」它的作用，就像釀酒所用的蘖黃藥料，沒有它就釀不出醇酒。

要建立良好的人際關係，不能不學禮；要做一個受人尊敬的人，也不能不守義。

中華民族本有禮義之邦的美譽，曾幾何時變成「貪婪之國」，如國人知恥，能不痛切反省，急起直追？

※　※

「蘗」讀ㄅㄛˋ，蘗黃爲釀酒不可或缺的藥料。

「禮」爲外修，「義」係內造，二者爲立身處世之本。

禮貴親切自然

禮貌，一般社交要注重。對服務業的第一線而言，更關係商業競爭的成敗！

到臺北東區一家百貨公司，就能體會電梯服務小姐的禮貌，就是不一樣。親切、自然，有著沁人肺腑的溫馨。

就因為電梯小姐，拉住了顧客的心，自然也帶動了顧客的腳。所以，只此一項就拔得頭籌。

但，美中不足的是，該公司的專櫃小姐，就相形見拙得多。禮貌態度既僵化，介紹貨品又不諳商業心理學，以致在顧客心理上造成一種壓迫感。專櫃小姐愈慇懃，顧客愈想拔腿開溜。

問題的癥結在那裡，答案是事權不一，各自為政！

※　※

一個事業單位，整體形象至關重要。百貨公司雖不是一體經營，但一體運作仍有必要，這一點還是不容易做到。

好禮必須學禮

中國人好吃，中餐、西餐、東洋料理，……幾乎無所不吃，但懂得吃的藝術，卻未必懂得吃的規矩。

小龍已大學畢業，照樣糗事連椿。

某次，邀朋友出遊，中午到一家觀光飯店吃西餐。主菜吃了一半，盤子就被服務生收走，他忍不住光火了。女服生辯稱：「是你要我撤走呀！」

原來他把刀叉交叉放著，這就難怪盤子被收走。

還有一次，跟姑姑和姑丈上山賞花，他自以為很懂禮貌，一屁股坐在駕駛座的旁邊。姑姑說：「那是我的位子，你應該坐後座。」小龍質疑，姑姑說：「因為，今天姑丈開車，如果是計程車，你就沒錯！」

※　※

坐車的規矩，一般而言，後座右大、左次、中間最小。駕駛人如是車主，那麼，太太或主客就應坐在駕駛旁。首長座車，前座應是秘書、護衛的座位。

西餐的規矩也很多，刀叉X放表示不吃了。這只是規矩之一。餐具勿鏗鏘作響，說話要小聲，也是起碼的禮儀。

禮儀半自教養

小琪長得明眸皓齒、花容月貌，不論採東方或西方的審美觀點，都是不折不扣的美人胚子。

然而，從小媽媽就沒教她禮儀。一邊走，一邊吸盒裝飲料，還是小疵一樁。上了公車，一屁股坐在「博愛座」，見老人走近還佯裝瞌睡。

有一次搭「捷運」，哈欠連連，不知掩口。不一會兒，又挖起鼻孔來！對面的男士，再也坐不住了。於是，以不屑的眼神眇了她一眼，就離座走去站著。

「好沒禮貌！」這是小琪說的。

到底是那男士沒禮貌，還是小琪沒教養，其他的乘客看得一清二楚。只有小琪沒是非！

※　※

有教養、懂禮儀的女孩，就是貌不驚人，也會予人以嫺雅端莊的印象。

應對之禮

仲子成為一家大公司的後起之秀，董事長明天要召見他，他向老爸適公問禮。

「論語記述孔子的話：『言未及之而言，謂之躁。言及之而不言，謂之隱。未見顏色而言，謂之瞽。』」

仲子不解，老爸說：

「不該你表達意見，你卻搶著說了，這就是不沉穩。應該講的話，你卻沒有講，這就是不忠。沒有察顏觀色，便冒失的發言，自然是眼睛不亮了！」

「假如我只犯了第一項錯誤，老闆會怎樣？」

「會瞪你一眼。」老爸說：「你若犯了第二項錯誤，老闆會不信任你。三項都犯，你的前程就一片黯淡！」

※　※

在官場或職場，不乏口才好的人，但懂得講話藝術的人則不多。

一個人如懂得何時該說，說多少、怎麼說，那就接近說話的藝術了。

勿觸人霉頭

媽咪由長青詩友會回來，對小珍說：

「我今天才理解，舜在書經說的『口出好，興戎！』那句話的真諦。」

「媽，那段話是什麼意思？」

「一句話可以交到朋友，一句話也能掀起戰爭！」

「您是有感而發吧？」

「是啊，一位女性會友，居然問人家：『你太太去了，是生離還是死別？』對方陰著臉回敬說：『別傷感情好不好！』」

適公一旁感歎地說：

「愛『窺密』人之通病。富則富矣，禮則缺如！」

※　※

「臺灣錢淹腳目」（臺話），富則富矣，就是欠缺大國之民的風範。現代中國人若知恥知病，就從「好禮」做起。否則「禮儀之邦」的陶醉，只會貽笑大方。

社團活動一瞥

一個歌藝研習社團，男女會員無不衣著光鮮、活力四射，但就是缺乏點紳士淑女的內涵。

一週年會慶的時候，貴賓台上致詞，台下高聲談笑，這種嚴重失禮，每個人竟渾然不覺。

鼓掌代表鼓勵和肯定，其實，也有禮貌的內涵。如果唱的極好，掌聲疏落而無力，那就無異喝倒采；唱的很差，卻掌聲雷鳴，那也無異使人難堪。該鼓掌而不鼓掌，那簡直就是跟人有仇。遺憾的是，這些缺點，該社團都曾有過！

每次集會，結束前必有人提前回家。若台上正在演唱，就撤椅子或逕自離場，都會對演唱者的心理產生負面影響。

尊重別人即所以自重，異位自處則近道矣。

※ ※

無論參加什麼演唱會，都不宜一曲未完就離場，否則就是失禮，也無異否定演唱者的水準。

入境問俗

汽車有縮道之功，飛機有越洲之力。拜科技發展之賜，地球愈來愈小了！

觀光旅遊，隨時成行，比諸古代「鄰村雞犬相聞，老死不相往來。」的情境，真是不可同日而語。

然而，各國的風俗不同，宗教信仰容有極大差異。如果不能過境隨俗，便會造成很大誤會。例如，至回教國家不要罵豬，到泰國猴廟不可斥猴，到印度旅行，拿牛肉乾給導遊吃，等於在污辱他。

國人「愛現」，在機場飯店，見了熟人就熱情地叫嚷，常令外人側目。非紀念品，卻順手牽羊，亦為一恥。政府有責，旅行社有責，丟臉的國人不學禮亦有責！

※　※

觀光飯店客房的任何東西，除了用過的牙刷、牙膏，沒有一樣可以視爲紀念品而擅自帶走。

三「友」應再加一「友」

不懂社交禮節，往往失掉友誼還不自覺。

有人喜歡即興訪友，常使朋友手足無措。不是屋子太亂，就是有事正要出門。有時，未及穿著整齊，就得面對客人。先不問這是客人不對，還是主人失禮？眼前的尷尬，就令主人好生不悅！

禮記有曰：「尊客之前不叱狗。」在客人面前罵狗，會使客人多心。但，對於慣做不速之客的朋友，也許當著他的面「叱狗」，不失為一可行的教訓。

當然，以這種方式表達不悅，也容易失去這個朋友。

孔夫子說：「友直、友諒、友多聞。」如果能再加上「友好禮」，那對現代人的行誼指標，就更加完備了。

※　※

有禮貌、懂禮節，不僅予人以有教養的好印象，而且，也容易獲得別人的禮遇和善意回應。相反地，有人就因爲失禮而把求助於人的事搞砸了！

送禮不在貴重

世俗的觀念，送人禮物要價值不菲，才顯得很有誠意。其實，禮物不在貴而在實用或有趣。如果對方不喝酒，送他整打名貴佳釀，也不會討他喜歡。相反地，如果對方有集郵的嗜好，即使送他幾枚稀有的舊郵票，也會雀躍不已。

送禮，目的就在取其所悅，能把握這一原則，就已接近送禮的藝術了！

禮記說：「貧者不以貨財為禮。」收入不豐的人，不要送貴重的禮物。因為，送者不量力，自己會有剜肉之痛，對受禮者也是一種心理負擔。語云：「千里送鵝毛，禮輕情義重。」總歸能討對方歡喜就好。

※　※

西方人接受禮物，必當面撕開包裝紙，讓禮物爆光，然後說幾句讚語和感謝的話。中國人送禮則希望受禮的人，於客人走後再打開，反正誠意夠了。如果認爲寒酸，也不致使送禮的人當面受窘。東西風俗不同，總以隨俗爲是。

習慣成自然

現代社會偏重物質文明而忽略精神文明。因此，「富而好禮」就成了假象。

男人西裝畢挺，女人穿金戴銀，但大多既不好禮亦不學禮。國會殿堂，博士、碩士不數人頭、動拳頭。那麼，販夫走卒動輒暴戾恣睢，就實在不足為奇了。

禮，不是有排場才重視。禮，應該生活化、習慣化。

例如，訪探親友，應先打個電話，探探口氣是否歡迎，何時較宜。老是慣做不速之客，就難怪主人冷臉以待。

禮記有曰：「户有二屨，言聞則入，言不聞則不入。」那是怕人家正在討論私密事。鄰居串門兒尚且要守禮，何況正式拜訪？

※　※

古代也有進屋脫鞋的習慣，鄰居串門，看到人家門口有兩隻鞋子。而屋內卻靜悄悄地，就知道人家正小聲談論私密事，若懂禮貌就絕不會這個時候冒失地進去。

禮儀攸關形象

良好的形象，禮儀素養不可或缺。

在社交場合，舉止儀態、言語笑貌，乃至用茶、進餐、進出電梯、上下車、迎送握手，處處都見禮節。而且，男女有別。

譬如，招待參觀，必是主人在前帶路、解說。搭電梯必是客人、婦孺先進，而後進者先出。迎送貴賓，一定是主賓先下車後上車。正式宴席，如無特定排法，通常正堂中央為首席，面向出口右一為首位。行握手禮，一般是女性先伸手，但尊長例外。為何除尊長外，必須女性先伸手才合乎禮節。因為，這有尊重女性的意味，而女性比較含蓄怕生，也是考慮之一。如果男人先伸手女的不理，豈不很尷尬？

※　※

坊間什麼書都有，就是缺少各國風俗禮節的書。自「解嚴」以後，國人出國觀光旅遊者日眾，外交部和觀光局也應該想到，民間不出版，政府來編輯出書，這對國家形象攸關至鉅！

敖者不修禮

仲子問禮。他說：

「那麼，『敖不可長』，是否也與禮有關？」他是想起禮記中：「敖不可長，欲不可從，志不可滿，樂不不極。」那段話。

適公老爸說：

「一個傲慢自大的人，還會重視修禮嗎？」

「那請爸爸，把另外三句也講解一下好不？」

「『欲』者慾也，就是不可讓貪念牽著鼻子走。『

志不可滿』，就是志向不可超越才學的極限，否則，綆短波長，難以如願。至於『樂不可極』，你該早就懂了。」

「是，樂極生悲嘛！我想，都能做到就是君子了。」

※　※

「敖」是個破音字。讀ㄠˊ時，就是閒致的意思，與遨遊的「遨」同義。讀ㄠˋ時，就有戲弄的意思，也與驕傲的「傲」字相通。

勿挖人隱私

小珍請男友來家作客，目的是讓媽媽「品評」一下。當媽媽進入廚房時，小珍忽然問男友說：

「能不能說說，伯父和伯母，當年是怎麼分開的？」

「……，」男友臉色一沉，緊抿嘴唇不語。

媽媽從廚房出來瞅她一眼，小珍會意，趕緊說聲「對不起」，才一笑泯尷尬。

事後媽媽告訴小珍，還不到無話不說的程度，不可挖人隱私，畢竟父母離異不是光彩的事。

「禮記有曰：『不窺密。』」媽媽解釋說：「與人交往，凡是對方不想公開的事，就別追問，這也是禮貌呀！」

媽媽順便提醒她，勿隨便問人年齡，稍長的人都會敏感。

※ ※

工業社會平均壽命提高，但時光流逝得似乎更快。所以，怕短壽的人不多，惜春則不分老壯少。

逆上有違禮敬

父母有過，做子女應不應該進諫？這問題困擾小芳好一陣子。有一天，她藉問孝請教適公老師。適公說：

「父母如確實有錯，子女當然應該諍諫。不過，說話要委婉。如果粗聲粗氣或率性指責，就是不敬，不敬也就是失禮啊！」老師引據禮記中的話說：「父母有過，諫而不逆。」這不逆，就是不要說話很衝，使父母心生不悅。」

「如果我有錯不願直說，而父母硬要逼我，怎麼辦？」

「妳應該坦白，並請父母相信妳，一定會改。」老師隨即問道：「妳犯過什麼錯，使父母看得那麼嚴重？」

小芳登時為之語塞，原來她犯了不准深夜不歸的家規。而且，是到不正當場所，瘋到凌晨！

※　※

父母管教子女，也不要動輒疾顏厲色。在心平氣和的情境之下，溫婉的開導，這比高聲責罵，是不是更容易被接受？

男女有別

仲子的表姐，打電話來說，週末要來做客。

來時，帶來一位王小姐。在介紹時，仲子把手伸出去，王小姐卻沒有和他握手，仲子覺得很沒面子。

事後，他對媽媽說：

「姓王的女孩很沒有禮貌。」

「不會啊，那女孩長得很甜美，也很有教養。」

「有教養才怪，我伸出手去表示歡迎，他卻拒絕。」

「那是你的錯。」媽媽笑著說：「行握手禮，得女孩子先伸手，難道你忘了男女有別？」

「可是，教育部長跟女學生握手，都是他先伸手。」

「對，他是長官，長官和長輩可以先伸手！」

※　※

有些女孩子，對握手禮一知半解，把尊長先伸手，視爲不懂禮節。其實，尊長先伸手而自己表情忸怩，才是失禮呢！

社會的省思

很多人生哲理，出自先哲之口，就顯得「曲高和寡」。但若透過諺語流傳，便能廣植人心，起了較大的教化作用。

例如，俗語說：「冤有頭，債有主。」誰惹的禍誰負責，別找錯了對象。道理雖淺，卻極具說服力。

又如，「善有善報，惡有惡報，不是不報，時候未到！」這話是從「善惡到頭終有報」的因果律，引伸出來的，寓意甚簡，卻廣被接受。

中國人還有一句很好的口頭禪，叫做「將心比心」，現在很少有人掛在嘴上。如果凡事都能設身處地為別人想想，那麼一句「將心比心」，足可抵上百句仁義道德。

※　※

凡事能換個角度看看，就會有不同的感受，可惜很多人心浮氣躁，缺乏這種思考模式。因此，就掉進自我、主觀的巢臼！

最靈的心法

人心或善或惡，往往即在一念之間。

人與人之間發生利益衝突時，那醜惡的一面，在自我意識的驅動下，就會登時搶在前面「張牙舞爪」，而那善良的一面，只好黯然地閃在一邊。

古聖先賢教我們時時存養善根、修持道心，但就是功效不彰。原因就在以君子的標準要求凡人，自然不免「曲高和寡」。

基督徒在禱告之後，會説聲「阿門」（誠意所願）！

佛教徒則說「阿彌陀佛」（無量壽，無量光）！如果大家（不論有無宗教背景）都把「將心比心」存養在心，並當作口頭禪，相信對人際關係和社會和諧，必有莫大助益。

※　※

勸人時，說句「將心比心嘛！」可能就此息事寧人。待人處事，也要「將心比心」一番，就少有與人結怨的可能。

北港的驕傲

工業社會，一般而言，家境都算富裕。然而，消費的誘因太多，又慾壑難填，即使收入不錯，很多人還是感到手頭拮据。

青少年純消費，零用錢自然不會太多。一旦消費成癖，必然見錢眼開，如有意外之財，不怦然心動才怪。

就讀雲林北港高中的張啓宏，於上學途中，拾獲一只皮包，裡面的現鈔和支票，共有一百萬之多。他想，那丟錢的人，一定急得像熱鍋的螞蟻。於是，他毫不猶豫地報請校方送警招領。失主聞訊感激莫名，除連聲道謝，並致送一個大紅包給張生，張生堅拒不受，一時傳為佳話。

先賢有曰：「十步之內必有芳草。」但願芳草處處！

※　※

姦淫擄掠無日無之，竊盜詐騙媒體都懶得報導。這樣廉恥道喪的社會，越發顯得張生非義不取的可貴！

為善最樂

有位做好事不願見報的婦女，從菜市場攜菜回家。穿過熙熙攘攘地路口，揀到一個報紙包，打開一看，霍然是數紮十萬一綑的現金！

她想，莫非是上帝憐我克勤克儉，把獎金送到我的腳下？但轉念一想：上帝如果幫助貪人，也不是什麼好上帝。這明明是人家從機車後箱裡掉下來的。我若佔為己有，一生都不得安心。於是，她站在原處，等候失主回來。

等了一個上午，仍不見失主的影子，只好送往距市場很遠的派出所。巧的是剛一進門，失主也到。失主聽說她守候了三小時，腿都站軟了，感動得流下眼淚。而她知道這筆錢，是失主為太太開刀準備的，竊喜幸好「將心比心」！

※　※

善心能夠戰勝惡念，就在「將心比心」。那些殺人不眨眼的匪徒，和斂財而罔顧信用的商人，如果也能「將心比心」，那麼，醜陋的社會會立即改觀。

因果循環

有個賣檳榔的婦女，因暗中兼售「安非他命」而被捕。

記者問她：「妳為什麼要賣毒品給青少年？」

她說：「我不賣，別人也會賣呀！」

答得妙，答得「理直氣壯！」不過，記者若問：「妳是否希望自己的兒女也吸安毒？」難說她會怎麼講。但可斷言，她絕不甘願自己的兒女也親近毒品。

「你死我活」，已成社會心理症候群。為達目的不擇手段，售毒比起姦淫擄掠，在一般人眼裡，還是「小巫見大巫」呢！殊不知，當大家都只為自己，不顧別人死活時，那就全都在劫難逃。說得再嚴重一點，就是全都「死」定了！

※　※

「你死我活」，似乎無人說過，但表現在行爲上的，卻屢見不鮮！

誰若被罵「狼子野心」，準會跟人拚命。其實，人之惡者，豺狼虎豹也自嘆弗如！

內心交戰也夠苦

春花，現正面臨婚姻危機。

丈夫對她越來越冷漠。因為，醫生證實她得了不孕症，而公婆又急著抱孫子。

怎麼辦？她想，只有抱個棄嬰，才有挽救婚姻危機的一線希望。因為，小夫妻未跟公婆住在一起，只要瞞過二老，丈夫不致那麼絕情，非要「休」她不可。

棄嬰可遇不可求，春花靈機一動，就天天跑超商門市部。

這天，終於逮到機會，把個坐在嬰兒車中的小男童，偷偷抱走。第二天，警方就通報抓她。

結局如何她不遑多想。此刻，良心正和惡膽交戰！

※ ※

「己所不欲，勿施於人。」這話販夫走卒聽不懂，但「將心比心」一定會懂。把「將心比心」流行化、世俗化，必能深入人心而產生潛移默化的作用。

運將扳回一城

提到「運將」打群架，人們就搖頭。彭婉如命案發生後，對計程車這一行的形象，無疑雪上加霜。

儘管好人難出頭，壞事傳千里。但朱子莊倒是為「運將」的壞形象扳回一城。

有一天，一位女乘客，上車後發現後座有個紙袋。打開一看，除支票外，尚有十五萬現金。於是，貪念驅動她要求朱司機中途停車。朱見她上車原是空手，下車時卻多了一個紙袋，隨即下車索閱，女乘客私吞不成，就建議均分。朱嚴予拒絕，並迅速送往警廣招領。警廣主持人訪問他時，他說：「當時他只想到失主，一定心急如焚。」

對極了，「將心比心」，物歸原主而贏得了喝采！

※　※

每個行業良莠不齊，不過像計程車這類行業，少數人不爭氣，就壞了整體的形象，誠所謂「一粒老鼠屎，壞了一鍋粥！」為了團體榮譽，每個人都應自愛才對。

都搶第一順位

丈夫拖著一身的疲憊回來，太太劈首就冷言冷語地說：「幹嘛，一進門就陰著臉子，不想回來就別勉強嘛！」

丈夫真的穿上鞋子又走了。

妻子總覺得每天困在家裡很委屈，丈夫則覺得在外工作壓力沉重。彼此都巴望能獲得一點安慰，但對方就是不能體貼一點。

問題就在都把自己擺在第一順位，如果懂得先放射再吸收的道理，情況就會完全改觀。

假如，丈夫一進門，太太就嬌聲柔氣地說：「老公，你辛苦了！」丈夫也說：「老婆，妳好偉大！」試想，如此這般營造氣氛，是不是會很溫馨？

※　※

夫妻情固應先放射後吸收，一般人際關係又何嘗不是如此？如果，都等別人先對我示好，我才「禮尚往來」，那人際關係還好得了嗎？

女為悅己者容

楚哥有個容貌出眾又相當傳統的妻子，這位名叫淑娟的太太，從不過問丈夫的事，即使深夜零時回家，她也從不起疑。

婚後第三年，楚哥迷上了保齡球，從此每天都是深夜始歸。而且，回到家裡倒頭就睡。

不久，楚哥發現淑娟神情鬱卒，面色蒼白，好像老了許多。於是問道：

「妳怎麼忙得連化妝也免了？」

「化妝給誰看？」淑娟說：「你忘了女為悅己者容？」

楚哥這才覺悟，是自己冷落了妻子。他想：如果我是她，心情會好嗎？自責之餘，走過去擁吻愛妻並表示知悔！

※ ※

懂得「將心比心」，就知道如何愛人，當然也能明白如何挽回愛人的心。

「將心比心」不是最高的道德標準，卻是最具說服力的口頭禪。

真個患得患失

玉蘭去拜訪昔日同窗小珍。

「好久不見了。」小珍幽默地說：「是什麼風把你給吹來的？」

「我是無事不登三寶殿。」玉蘭就開門見山的請小珍不要動她老公的腦筋，並且說：「將心比心，何況我們是老同學！」

「妳現在的老公，不就是搶人家的嗎？」小珍反唇相譏。

「我已付出代價，連最要好的同事，也都疏遠了我。」玉蘭流著眼淚說：「說真的，想起他的前妻，我就良心難安。」

「安啦！」小珍笑著說：「天下的男人還多著呢！」

※　※

防人不易，守己更難，問題就在於自我放任。如果每個人都不忘先畫個圈圈（道德範圍），把自己限制在裡面，就不會做出愧對良心的事。

莫任意吃醋

醋海生波，有三種情況。

純為嫉妒而吃醋，那是錯誤的發酵。

情侶間的吃醋，就像眼裡容不得砂子。

夫妻間的吃醋，是怕感情走私，對婚姻不忠。

就後二者而言，偶而吃個小醋，效果應是正面的。

但若吃醋上癮或以吃醋作為鞏固愛情的策略，那就不夠高明。因為，濫吃醋會被疑為「欲加之罪」。對方不但會感到委屈、厭煩，甚至會覺得那是蓄意的污辱和精神虐待！

自己不希望對方濫吃醋，最好自己也能做到。畢竟愛情是建立在自信和互信的基礎之上。吃醋和猜忌一旦起了化學作用，愛情、婚姻能不變質嗎？

※　※

荀子曰：「以疑決疑，決必不當。」先入爲主的猜疑，甚易誤導自己，往往做出錯誤的判斷。

好司機人人讚美

古之生意人，不但講求以客為尊，還把顧客視為「飲食父母」。

現代商界只講行銷策略，很少有人真心以客為尊。一般服務業的從業人員，連起碼的職業道德也不重視。

臺北市十八路公車，有位司機，不但以客為尊，而且，親切有禮，十年如一日。

他每站必報（車上沒有電腦裝置）。車子起動時，就提醒乘客站穩。乘客下車時，就會說聲謝謝，並請注意安全。因此，兩代的乘客，均感受良深，讚美有加。

這位老司機為什麼與眾不同？道理很簡單，他能以乘客的想法自我期許。難道這不是另一模式的「將心比心？」

※　※

古之商人把顧客尊爲「飲食父母」，今之小生意人，很少心存感激，表現在交通服務業的第一線，乘客總是一肚子的怨氣。固然，他們很辛苦，也會產生工作倦怠感，但若沒有乘客，那有收入？如果心存感激，一念之差，心境就會完全不同。

有教養的姊妹花

適公遷入新居一週後，隔壁的鄰居才裝璜，電鑽電鋸的聲音，整天聒耳欲聾。

全家忍耐十多天，總算過去了。適公一家為了迎接美好的明天，特別到一家卡拉OK餐廳去享受一次高消費。

回來時，已是晚上十點，新鄰居家燈火通明，一對年輕的姊妹，正在掛照片，姊姊對妹妹說：

「這個時候打釘子，會不會吵到隔壁的鄰居？」

「不會吧，鄰居全家出去了，我們動作要快！」

適公一聽非常感動，來到客廳對全家說：

「看，凡事將心比心，先想到別人，人品修持就可篤定。這對姊妹花，我們仲子不妨多接近、接近！」

※ ※

至聖孔子有曰：「里仁爲美」。有好的鄉親、鄰居，比宅第宏偉、舒適更重要。所以，古之賢者擇鄰比選屋還認眞。

己所不欲勿施於人

英國悲情王妃戴安娜車禍猝死，舉世痛詆那些唯利是圖的扒糞媒體和道德水準低落的「狗仔隊」。（香港語）

新聞評論家如是說：內幕媒體不出高價買獵艷底片，「狗仔隊」也就沒興趣無孔不入的偷拍養眼鏡頭，而讀者若不是感官天生愛刺激，內幕雜誌自然不會去花冤枉錢，云云。

雖然，這種論調言之成理。但市場上消費品出了問題，卻沒人怪罪消費者不該買，而是惟製造者和販賣者是問。也許又有人會把「新聞自由」搬出來。且聽適公怎麼說：

「如果戴妃是他們自己的親人，是非標準就出來了！」

※　※

用自己的尺度去量人，也要借別人的鏡子照自己。如果心存兩把尺，是非標準就不一致。那麼，即使眞的主持正義時，別人也會有所質疑。

難得糊塗

一位綽號阿呆的藝文界菁英，慕名叩訪適公。他謙卑而倦容滿面地說：

「後生晚輩，心有千千結，就是無法自釋！」

「不妨直說。」

「說來矛盾，妻子不貞我還愛她入骨。」他話頭一轉：

「其實，我更恨她入骨！」

「分析檢討過沒有，內在的盲點和外在的因素？」

「內在嘛，怪我房事無能，外在則猜不出。」

「若醫生幫不上忙，只有『難得糊塗』可解心結。」

「不糊塗卻硬裝糊塗？誰會甘願綠帽加頂！」

「那我再奉送四字驗方。」適公說：「將心比心！」

※　※

「難得糊塗」是鄭板橋的人生哲學，在得與失之間，如果放任比認眞利多，那爲什麼不裝糊塗？然而，相對的也不要明目張膽，即使情有可原，也應講點藝術。

治外法權

檳榔攤的小販兼賣毒品，她會說：「我不賣，別人也會賣呀！」書局賣淫書，老闆會說：「賺錢第一，顧不了那麼多。」開業醫師草草處方，他心裡想：「太用心，頭髮白的會快。」……這些心理現象，印證了一個說法，那就是：「人人心裡都有一台天平，但天平的法碼，卻操在自己手裡。」

報紙是文化事業，也是良心事業。可是，全臺灣二十八家報紙，只有少數幾家，拒登害人的分類廣告，有些大報也「來者不拒」。但它們批評別人非常嚴厲，對報界獨享「治外法權」則視為當然，不亦怪哉？

然而，報紙給人看，自家也看，能將心比心則近道矣。

※　※

宋朝范純仁說：「人雖至愚，責人則明；雖有聰明，恕己則昏。」人人都會批評別人，別人的錯看得眞切，本身有錯，應不應該自我姑息，就糊塗起來了。范純仁的話，眞是一語道破人性的弱點！

遠來和尚會唸經

女人曲線玲瓏才動人。
任誰說話委婉都動聽。
孰知遠來和尚會唸經？

畫虎名家章思統，在成名前，要開畫展到處碰壁。有一次，碰上畫展的淡季，他的畫終於有機會公開亮相。

在參觀的來賓中，有個日本來的尋寶客，他是專業畫商，也是中國畫的收藏家。

當他第一眼看到章的畫，就大為著迷，力勸章思統到東京展出。章因信心不足，頗為猶豫。那位日本人，引用「遠來的和尚會唸經」的諺語，終於打動了章的心。就這樣，到日本兜個圈兒，章思統就成了畫虎名家！

※ ※

俗語說：「人離鄉則賤，貨離鄉則貴。」就作家或藝術家而言，他的作品也是「貨」。觀念上，好產品才會出口。所以，無名氣的畫家，只要畫藝出眾，若有機會到外國展出，就會提早成名。

不會使人臉紅的讚美

有一天，適公與老伴比袋子。

「你的袋子有多大？」適公問。

「能裝得下這個家？」夫人反問：「那你呢？」

「能裝下整個宇宙！」

「那有那麼大的袋子？未免太誇張了吧！」

「管子說：『天地，萬物之橐；宇宙，有橐天地』。」

適公說：「我要向管子看齊。」

「老夫子，你太自負了吧？」

「就胸襟而言，我自信不輸給管子。」適公說。

「袋子太大，一點點小洞，就可能把我給漏掉！」

「絕不會，因為，妳是紮袋口的那根帶子。」

※　※

「天地，萬物之橐；……。」意思是說，天地是萬物的袋子。而那宇宙比天地還大，因此，宇宙就成了裝天地的袋子。

「橐」讀ㄊㄨㄛˊ即不見底的袋子。

無本的投資

仲子送走了電器商行的老闆，轉身對媽咪說：

「這位老闆服務熱忱一級棒，而且，不那麼看重金錢，這樣的人，好像不適合經商。」

「那你以後還願意照顧他的生意嗎？」

「願意，不但如此，我還很想交他這個朋友呢！」

「我們若有需要還會找他，而且，還會幫他拉生意，不是嗎？」

「對，同樣的價錢，一定把機會給他，外送口碑……。」

「那你說他不像生意人就錯了，其實，他倒蠻懂商業心理學，為顧客作額外的免費服務，當時是負債，過後就變成投資，而且是只贏不輸的投資！」

※　※

王永慶在開小店的年代，就懂得售後服務是贏的策略。當然，額外的服務也是附加價值的投資。

父子雙簧機會教育

仲子陪老爸去看畫展，上了公車，恰好站在「博愛座」旁，其中一個「博愛座」，竟坐著一個妙齡少女，她低著頭故作看書狀。不知老爸怎麼想，仲子顯然看不慣。

「老師，您該有資格使用敬老卡了吧？」仲子向老爸貶貶眼，意思是要老爸配合演戲。

「我在努力忘年，你幹嘛又問這個？」

「學生失禮，說真的老師看起來還不到五十歲！」

「但願別人也都這麼看我。」

「不是嗎？」仲子瞅著那裝佯的少女大聲說。

那少女真的如坐針氈，起身紅著臉朝適公赧然一笑。

「謝謝，妳這一讓我倒真的老了！」適公也笑著說。

※　※

新新人類比炫比酷，就是不比學問修爲。適公父子以演雙簧來點機會教育，充分發揮曲線藝術，如果是指桑罵槐，可能反會發生反效果。

對聰明人不必直說

適公的侄子其明，買了一間辦、住兩用的套房，裝璜雖不豪華，但卻十分典雅，只不過那藝術吊扇，大得極不搭襯。

「阿伯，您是否也覺得那吊扇太大了點兒？」其明問趕來探視的適公。

「嗯，任誰都會有這樣的感覺。」

適公走後，其明對前來結算工程尾款的裝璜包商說：

「這倒給我一個啓示，即使是專家，也會百密一疏，我該想到吊扇除了式樣、顏色、尺寸也有大小。」

隔天，吊扇換了，包商問其明滿不滿意？其明說：「不一樣就是不一樣，這就是我選擇你的道理。」

※　※

人皆愛面子，即使有錯，也不希望別人單刀直入的指責。聰明人，更不比假以顏色，只要表示滿意並暗示還可以更好一點，十之八九會立竿見影。

風趣對上了幽默

仲子自從領略「曲線藝術」的妙用，就在社交和人際關係上大有斬獲。

「媽，我在實驗心理學上，有了驚人的成長，特是對那『曲線藝術』的發揮！不過，也遇到了高桿。」

「說說看！」適夫人笑著問。

仲子說，在一次隨緣派對中，走到似曾相識而一見傾心的女孩面前，問她的夢中情人是誰，女孩羞澀地反問他。仲子說「遠在天邊」。那女孩燦然一笑說：「那太遠了吧！」仲子見她故意裝傻，遂說：其實「近在眼前」。那女孩果真也懂得「曲線藝術」，挽著仲子的手說：

「走，我跟你一道去見見她！」

※　※

「走，我跟你一道去見見她！」言外之意，就是「我跟你走，去咖啡廳或任何適合談情說愛的地方，任你作主。」

忠言也不宜逆耳

仲子因心直口快，致使好友重歸陌路，因之，一直耿耿於懷。今天，他實在憋不住了，才向老爸訴說委曲：

「爸，那朋友交了一個好女孩，但卻大剌剌地不拘小節，結果，煮熟的鴨子、飛了！我好意數落幾句，他不但不感激，反而漸行漸遠。您說冤不冤枉？」

「不冤枉，同樣的錯誤我也曾犯過。」適公老爸說：「在失意的時候，正需要友情的安慰，你反而在這個時候踹他一腳，豈不令人更加沮喪？他的不諒也是必然的。」

「這麼說，已經錯了，就不要跟他講道理？」

「對，即使在事前，忠言也不宜逆耳。這就是舜說的『口出好，興戎！』」

※　※

舜曰：「口出好，興戎！」一句話能交到朋友，一句話也能掀起戰爭。說話的學問實在很大，所以，善言也是一種藝術。

一句幽默感動芳心

適公的摯友宋君，希望今生能有「第二春」。有位張姓美婦新寡，適公鼓勵宋君不妨一試。二人交往了一段時間，觀念上有了落差，宋君乃訴之於適公。

某日，適公夫婦邀請二人吃飯，席間適公說：

「老弟，良緣可遇不可求，談談你們交往的感想吧！」

「她像天上的星星，給的不多，要的也少。」

「這話怎講？」適公夫人問宋君說。

「她給的只是眨眨眼，要的也不過是半首詩。」

適公轉身望著張婦，張婦不答，只是掩面而笑。適公的老伴，則在身旁摻她。

「不，他說錯了。」張婦說：「我要一首完整的詩。」

※　※

宋君把她比作星星，這已表達了他衷心傾慕的心意。而對「給的不多，要的也少。」所作的詮釋，更令人拍案叫絕。毫無疑問，這就是打開伊人心扉的鎖鑰。

峯迴路轉

李家長子總怪媽咪偏心，無論什麼事都是女兒第一。

妹妹出嫁第一年，就有了寶寶，媽媽心甘情願地為女兒帶孩子。女兒隨丈夫去了外國，媽媽也跟了過去。不久，兒媳婦也要生產，媽媽卻無意幫媳婦的忙。

兒子為此屢有抱怨，媽媽卻充耳不聞，甚至惹火了，就打算長久投靠女兒，不再回來。

兒子為此向老爸訴苦，老爸點他，能夠影響媽媽的人在姨媽家裡。兒子忽然想起表哥，表哥也向表弟拍了胸脯。

「阿姨，嫁出去的女兒，潑出去的水。再說，您將來還得依靠兒子養老呀！」表哥跟媽咪說悄悄話。媽咪神秘的笑笑。從此，婆媳關係有了一百八十度的轉變！

※　※

經驗告訴我們，正面的懇談，往往沒有交集，若透過有力的第三者傳話，卻能事半功倍。

這「有力」的第三者，不一定是具有施壓作用者。某人對某個人一向信服。那被信服的人，就是有力的第三者。

借題發揮

張媽媽有個缺乏獨立精神的兒子，這天，他在門口注視著一隻流浪狗。那狗正在低頭啃骨頭，啃著啃著就發火了，朝著骨頭齜牙裂嘴。他走近一看，原來牠啃的的是樹根，難怪越啃越惱火。於是，惻忍之心油然而生，跑回家向媽媽要了一隻雞翅膀，趕緊丟給那餓得發狂的棄犬。

「貓和狗你比較喜歡那個？」吃飯的時候媽媽問。

「我喜歡狗。」兒子說：「因為狗很忠，又善解人意。」

「剛才你憐憫那隻棄犬，你可知道有棄貓沒有？」

「當然有咯，只是貓被棄也能生存。」

「對，那你認為貓可敬，還是狗可敬？」

兒子不語。但媽媽的絃外之音，已完全懂了。

※　※

看別人臉色討生活，終有被棄的一天。狗對人很忠，但很多輕蔑污辱人的髒話，都拿狗來形容。貓對人始終有戒心，受人憐愛固好，棄之也能生存。所以，人類說貓不忠，但從來就沒有鄙夷過貓。

投石問路

一對渴望愛情的男女，彼此心儀已久。但，女的矜持，男的木訥，二人中間，始終缺少一條橋。

某次社交活動，二人共舞。女的投石問路說：

「你的內心世界，就像一朵雲。」

「作何解釋？」

「有心降雨，又不知雨落何處。因此，飄來飄去。」

「那麼妳呢？」

「我的內心世界是一株花。」女的幽默地說：「如果望不到甘霖，我寧願變成乾燥花。」

男的聞言燦然一笑說：

「不用愁了，我終於知道，雨該降到那裡了！」

※　※

男人木訥，大多心地淳善，但由於不善說話，往往失掉友誼和愛情。

風趣幽默，不僅可營造氣氛，也是人際關係的鎖鑰。

試探有方

農曆除夕那天，李中去博物館參觀，眼睛像是「走馬看花」，腦子則正「心猿意馬」，原因是人逢佳節倍孤單！

「小姐，除夕是不是提早閉館？」李中問服務員說。

「不會。」

「那妳先生想必會望穿秋水！」

「先生？我還沒嫁人呢！」女服務員瞪大眼睛說，而答案正是李中所要的。

「對不起。」李中補了一句：「我心裡也是這麼猜。」

服務員問為什麼，李中說：因為她看起來只有十八歲。服務員不勝嬌羞地反問他，李中答說，也是孤家寡人。就這樣，她收下了他的名片，她也給了他電話號碼。

※　※

人們常說，不喜歡說話拐彎摸角，但卻無人不喜歡曲線藝術。音樂、繪畫、雕塑，曲線越多，難度愈高，愈受到人們的喜好和青睞。同理，若說話懂得曲線藝術，就肯定會「所向披靡」了！

收心計

「老公，我這些日子心神不寧，想回娘家住幾天。」小蘭對丈夫溫柔地說：「我和明明不在的時候，你要好好照顧自己。日來寒流不斷，早晚注意添衣。忙碌一整天，晚上別忘了洗個熱水澡再上床。」

丈夫諾諾連聲，竊喜這幾天可以無所忌憚的玩了。

可是，一連七天，妻子連通電話也沒打回來，而家事亂作一團，還開始領略了孤枕難眠的況味。

打電話到岳家，岳母推說女兒不在。於是，他慌了。

經過一番內心掙扎，厚著臉皮去向老婆認錯，老婆卻淡淡地說他沒錯。最後只好跪求岳母幫忙。從來「丈母娘看女婿，越看越有趣。」於是，母女倆見好就收！

※ ※

老子曰：「天下之至柔，馳騁天下之至堅。」這話是強調柔能克剛。然而，一味的柔並不足取，曲而能伸的柔，才是藝術。

眼淚的妙用

靜芬的丈夫變了，最近經常藉口應酬，一星期總有四天深夜不歸。

善良而敏慧的靜芬，明知他是被朋友帶壞，這從他衣服上的氣味，就已得到證明。可是，她卻十分冷靜。因為，她堅信柔能克剛，衝動只會帶來反效果。

一天晚上，她故意在四歲的兒子面前流淚。小兒子直問媽媽那裡痛，靜芬答說心痛。兒子要媽咪看醫生，靜芬則說：

「我是想奶奶呀！」

「那還不簡單。」說著，小兒子就走去打電話。告訴奶奶媽咪在哭，奶奶一聽猜想是媳婦受了委曲，第二天把兒子臭罵一頓。這一罵宛如醍醐灌頂，從此下班乖乖回家。

※　※

對某些男人，眼淚的確有妙用。不過，靜芬的眼淚並不流給丈夫看，而是要兒子看到媽媽在哭。這一哭，就像雨落山澗，流向峭壁，於是萬馬奔騰的瀑聲就出現了！

迂迴外交

聰明的商人，最想借重消費者的口碑。因為，迂迴策略絕對勝過王婆賣瓜——自賣自誇。其實。外交折衝亦有實例。

春秋戰國時代，魯國一度面臨齊軍壓境的危機。子貢啣孔子之命，游説與國出兵救援。

子貢先到最遠的吳國，勸吳王率先出兵。吳王説：他要拓展霸業，也犯不著捨近求遠。子貢説，吳國若肯出兵，就表示連強齊都敢惹，其他諸侯又豈能不懼？

說服了吳王，子貢又趕赴越國，勸越王主動響應吳王。並謂：吳軍敗，就無力再犯越國。吳軍若勝，貴國當然協同有功，從此，前嫌盡棄。就這樣，魯國危機化解於無形。

※ ※

子貢是天生的外交長才，他沒有受過曲線藝術的薰陶，卻有曲線藝術的概念。

齊軍壓境，如果魯國硬碰硬，必然國破家亡。子貢採取迂迴外交，遂使危機化解於無形，眞可謂發揮了曲線藝術的極致。

腦筋急轉彎

住在科技大樓附近的王氏兄弟，要趕去來來飯店，參加友人的喜宴。可是，正值交通尖峰時間，二人決定不開車。

「搭什麼車去？」弟弟問。

「公車、計程車都不會飛，搭什麼車都得一小時。」

「不需要，我在半小時內就能到達。」

「好，打賭吧，輸的人代贏的人出禮金！」

結果，弟弟真的贏了。原來，哥哥是搭計程車，照著直覺的路線走，路口多，轉彎多，塞車的情況也嚴重。弟弟則先搭捷運到忠孝復興站，然後轉搭直線公車，恰恰用了半小時。哥哥聽了，輸得服服貼貼。

※　※

直覺的想法，往往與實際情況落差很大。有經驗的開車族，知道尖峰時段，繞道而行反比走捷徑，最先到達目的地。

懂得曲線藝術，頭腦總是靈活一些。

濟世法寶只有中道

儒家思想的極致，就是中庸之道。

凡事有得必有失，有利必有弊。利弊權衡取其中，是即所謂「中庸之道」。

愛迪生發明電能，人類從此有了夜生活。但「城開不夜」，即衍生了罪惡的淵藪！

電影、電視豐富了人生；大眾傳媒又實現了原是「秀才」的夢想，（人在家中坐，能知天下事）。但「好事不出門，壞事傳千里。」人心也因之惡質化了！

繁榮富足，無虞匱乏的同時，物慾也跟著三級跳。於是，心靈的綠野，就變成了荒涼的大漠。

救濟之道惟行中道，只有中庸之道最足取。

※ ※

「中庸」思想是儒術的精髓，但孔子並未把中庸概念明白地說出來。及子思著「中庸」一書，才使中庸之道有所發揮。後來，理學大師朱熹，更把中庸列爲四書之一。

迎向和風

君子惟義是顧，小人唯利是圖。

這中間還有個灰色地帶，而且，是佔率最大的部份。社會的安寧和諧，就靠這個多數來維持。

假如，這部份人，皆視君子為和風，人人親而近之，那麼這社會，必然是祥和康寧的。反之，若視君子為烈日，人人避而遠之，那麼這社會，就會日趨黯淡衰敗。

其實，「義」與「利」不是相對的兩個極端。一般人把「義」的境界懸得太高。說白了，「義」就是「宜」，凡事考量允宜，該與不該、當與不當拿捏得很準，這就是子曰：「則近道矣」。適公就常引用荀子的話說：「『仁者人也，義者宜也。』仁義即中庸之道。」

※ ※

同一道理，以不同的文字和語言表達出來，其效果往往大異其趣。例如，指摘對方「很不道德」，倒不如說句「何不將心比心？」同理。責他「不義」，不如問他「妥當嗎？」

政貴中庸

新加坡因鞭笞砸車少年而舉世譁然，但該國秩序井然，也為國際社會所稱道。

中華民國很自由，但人民守法精神也差。同樣是華人社會。為什麼有能有不能，值得深思。

左傳引述孔子的話說：「政寬則民慢」。法律過於寬鬆，人民就不把公權力放在眼裡。但他也說：「民免而無恥。」如果，法律過於嚴苛，人民就只鑽法律漏洞，規避刑責而不以違法亂紀為可恥。

要取得平衡點，事實上並不難。現代人視錢如命，一般性違規違法從重罰鍰，慣犯則累進之，絕對有效。

中庸治國可行，惜乎行政、立法互動關係難求中庸。

※　※

鞭笞不僅皮肉奇痛，更會傷人自尊。但它能夠達到「刑期于無刑」的目的。因此，不能視爲惡法。

治國之道寬猛得中

「我國司法若採行鞭笞刑罰，您是否讚成？」一位司法界的周先生向適公請教說。

「我贊成！」

「有些學者說那是開倒車，有悖人道也有違人權。」

「如果刑罰不能達到『刑期于無刑』的目標，那就會是孔子所說：『政寬則民慢』，對良民和莠民同樣不利。現有法律，就是好人得不到保障，壞人也沒受到嚇阻。當監獄被視同旅館時，治安又怎能不惡性循環？」

「鞭笞一下皮開肉綻，的確是試法者的最怕！」

「不過，皐陶所說：『宥過無大，刑故無小』的原則，法官若能力行，那就實踐了『治國之道，在寬猛得中』。」

※　※

「刑期於無刑。」是書經記述大禹的話。禹懂水性，故能治洪有功。殊不知他對法政，也有獨到的見解。司法官若都能守住中庸，刑罰應會備而不用了。

民意不外民益

什麼是民意？

民意不外民益，也就是人民福祉之所寄。

政府所做民意調查，未必真能反映民隱，也就無法正確指出民益所在。因為，民意調查有其盲點。這就像醫生為病人診斷，病人說那裡痛，就認定那裡有病，因而處方錯誤，病情反會加重。

關心民眾福祉，貴在發掘民隱。而探求民隱之道，不僅用耳、用眼，更要用心。能找出癥結，對症下藥，自然藥到病除。

重視假象民意與完全漠視民意無什差別，唯能有效探求民隱、落實民益，才不失中庸之道。

※ ※

在政治話題中，無人使用「民益」一詞。其實，民之所益，益之。與「民之所好，好之。」在思維上與施爲上，均有相當程度的落差。

掄才之道與領導藝術

政壇後起之秀，專誠請益掄才之道。

「書經引述武王的話說：『同力度德，同德度義。』」適公解釋說：「同樣能幹，要選那操守好的；同樣廉能，要選那重視團隊精神的，也就是能和衷共濟的人。」

來客再問領導藝術。

「要談領導藝術，似乎有點抽象，我只就氣度和風格提供一點意見。」適公或許是有感而發，他說：「漢書說：『水至清則無魚，人至察則無從。』領導者貴能掌握大局，並善於調和鼎鼐，讓部屬心悅誠服，勇於任事，若事必躬親，巨細都要過問，那麼上下猜忌，就變成一盤散沙，甚至還會變成一潭死水，欲求政通人和那有可能？」

※ ※

春秋時代的簡子曰：「千羊之皮，不如一狐之腋。」這是說，庸才再多，不如得一賢能之士。

子思則說：「杞子連抱而有數尺之朽，良工不棄。」這是說，需數人合抱的巨木，只有幾尺是不堪用的，那傑出的木匠師傅是不會因而捨棄的。

儒術可斷亂源

李偉拜見適公老師，問國內宗教發展迅速，教派之間亦能和平相處，為何道德式微，社會益亂？

「宗教雖重淨化心靈，但皆以出世為憧憬。教徒進入寺廟教堂，就像衣服送入洗衣機，出了洗衣機，就又被飛塵所污染。」適公說：「唯物使人腐化，唯心又與文明極不搭調，唯有心物合一的儒家思想，才能撥亂反正。」

「老師，宋朝歐陽修說過：『道術不出孔氏而亂天下多矣。』是不是就是強調中庸之道？」

「對，歐陽修說：『晉以老莊亡，梁以佛亡。』老莊倡導遁世無為；佛門迷信來世，面對競爭的現實，率皆失之消極。所以，晉、梁以後歷時五百年，社會都處於紛擾的狀態。」

※　※

「道術不出孔氏，……。」就是撥亂反正的治本之道，如果偏離儒家思想，要想社會不亂，可就難了。

佛光山星雲法師，倡導世俗佛學或稱入世佛學，這在宗教來說，也就中庸多了。

同心同德可以興邦

解除戒嚴後，富裕的臺灣，平均每兩天有一起綁票案。小珍困惑的問：

「爸，管子說：『倉廩實則知禮節，衣食足則知榮辱。』對照今日社會，好像不太貼切呀？」

「時代在變，社會在變，加之人慾橫流，有人不能從正途速發，就不惜挺而走險。」適公沒有正面回答。

「那就『治亂世用重典』嘛！」

「法律過寬，人民就不把公權力放在眼裡，但過於嚴苛，人民就只鑽法律漏洞而不以犯法為恥。」適公說：「立法、司法、獄政，還有媒體、宗教、社運，若能都取乎中庸之道，那就是近思錄所說：『一心可以興邦了！』」

※ ※

國父說：「社會之隆污，繫於人心之振靡。」若人人都有向治之心；人人崇法守紀，都從方寸之地做起，只此一念，社會氣象立可改觀！

總統也不必一諾千金

一九九七年一月，秘魯日本大使館為日皇暖壽，宴請秘魯政要和各國使節。秘魯游擊隊趁機突襲，劫持了所有赴宴人士當作人質，以為交換在獄游擊隊員的籌碼。

藤森總統一再宣示，除非人質受到傷害，否則，絕不武力解決。實際上，秘魯在人質被困的一百二十多天當中，秘密模擬攻擊計劃無數次，及地道完成後，藤森一聲令下，一干恐怖份子全部就殲，人質安全救出，舉世喝采！

小珍趨問老爸，身為一國元首，是否應該一諾千金？

「我曾引述孟子的話告訴你哥：『言不必信，行不必果，惟義所在。』」適公說：「這『惟義所在』。就是小信可以不拘，大義則必守，這也叫做『執中從權』。」

※　※

「大人者，言……。」就是當政者，講出的話，不一定要完全兌現。所做的事，也不一定非要貫徹始終。但那「義」字必須守住。「義」即「宜」也，應不應、適不適當的考慮，才是最重要。

「執中從權」，就是不偏不倚，還要權衡利弊得失，做出最佳的抉擇，這才是最健康的思維。

財富可求孔子也讚同

工業社會，許多人逐臭成癡，以為金錢可以決定一切。因此，為了追求財富不惜賭命，人格操守又算老幾？

且聽孔夫子怎麼說：

「富而可求，雖執鞭之士吾亦為之。」追求財富並不可恥，假若財富可以追求得到，即使為人家牽馬、駕車，孔夫子也願意去做。「不義而富且貴，於我如浮雲。」但，有個前提，那就是不違正道。否則，富貴就像天邊的浮雲，縱會引人遐想，也絕對不會心動。

不諳儒術的人，常以為孔子鄙夷財富，崇尚安貧樂道。其實，儒家的中心思想就是「中庸」，而中庸的生活藝術便是「心物合一」。可見，只要走正道，財富是可以追求的。

※　※

唯心的人，心靈至上，強調清心寡慾；唯物的人，一心攘利，以爲多金就能擁有一切。其實，兩者都是偏執。

淫祀無福

一歸國學者，赴適公寓所叩訪。茶餘問道：

「臺灣五步一廟，十步一寺，幾乎人人都有宗教信仰，為什麼反而世風日下，人心如此陷溺？」

「禮記有曰：『淫祀無福。』」適公說：「什麼鬼神都拜，不會降福消災。關公不愛財，中國人卻將他奉為財神，豈非天大的諷刺？佛教重捨忌貪，而信眾除了向菩薩求福、求壽，還要求今生和來世，這豈不矛盾？」

「宋朝歐陽修曰：『道術不出孔氏，而亂天下多矣。』

這句話是不是可點出病態社會的癥結所在？」來客問。

「喪失禮義的社會，偏離中庸的政治，自然亂象叢生。」適公慨歎地說。

※　※

怪力亂神未因社會文明而消失，反而像蘆花般迎風飛颺，眞乃一大諷刺！

孔子則曰：「非其鬼神而祭之，諂也。」盲目的祭拜，那就是對鬼神有目的地討好，而受諂的鬼神，也必不是什麼好神。

惟義是依

仲子看完了「張學良與西安事變」電視連續劇的最後一集，問老爸說：

「當年西安事變，如果蔣委員長真的許下既往不咎的承諾而又事後反悔，難道這無損領袖的人格？」

「我以前就說過：『大人者，言不必信，行不必果，惟義所在。』」適公解釋說：「地位崇高的人，說話未必要一諾千金，行事也不一定要有始有終，而守信與否，就看是不是合乎義理，也就是應不應該、恰不恰當。如果，盜賊用刀架在你脖子上，要你簽下巨額支票，難道你不該要銀行止付嗎？」

仲子恍然大悟，原來「義」才是人格所本。

※　※

「大人者，言不必信，行不必果，惟義所在。」是孟子說的。適公在評論秘魯總統藤森，對秘游違諾時，曾經引述過。

誰憐生病人

民國八十六年，北、高兩市試辦「醫、藥分業」，即醫師處方，藥師（藥房）配藥，目的在提升醫、藥品質，嘉惠病人。但私營醫院、診所的執業醫師，不甘看病兼賣藥的既得利益無端旁落，竟空前團結地走向街頭，示威抗議。當然，藥師們也不甘沉默，立即以行動予以反制。

「城門失火，殃及池魚」。醫、藥較勁，最大的輸家是生病的人，而病家的聲音又弱如柔絲！

嚴格地說，行政、立法也有責任。在訂法和審議階段，若有「沙盤推演」式的思維，從而訂定過渡條款，讓病家有取藥選擇權。那麼，醫、藥兩業，縱不滿意也只好接受。果如此，就是「執中從權」的大智慧了！

※　※

任何新制度，必然牽動既得利益，立法要嚴緊，施行更要設想周延，能多一分籌劃，就會減少一分阻力。

一門不閉小便而已

有位裝璜公司的老闆被綁票，以四百萬元贖回一命！他事後向適公困惑地訴說：

「我交友謹慎，也不涉足歡場，而經營裝璜也非大富，為何綁匪偏會盯上我？」

「古人說：『百門而閉一門焉，則盜何遽無從入？』即使百門而一門不閉，對盜匪而言，也只是小有不便而已。」

「我一向思慮周到，自信不致百密一疏。」

「社會不靖，綁案頻傳，你為何以豪華驕車代步？」

「哦，那今後慮事，都要做到一門不疏才行？」

「只顧到負面也是『執一』，只有百門而一門不閉，且不失守、望，才是『執兩用中』。」

※　※

「百門而閉一門，……。」是墨子說的。

「只顧到負面，……。」是說只想到防盜，而把自己出入的門也封了，這也是偏執一端的思維模式。若安全與便利兼顧，才附合中庸精神。

「太」字是相對的極端

小珍不明白「太」字為什麼不好，人們對最滿意的事，慣說「太好了！」現代人也常常把「超越極限」，當作口頭禪。

「太冷好嗎？太熱好嗎？太高好嗎？太矮好嗎？」適公夫人說：「太胖太瘦、太盛太衰、太美太醜，以及太富太窮都不好！」

「盛、美、富不是人人所追求，為甚麼也不好？」

「莊子說：『物壯則老』，這就是盛極必衰，物極必反的意思。」適公老爸說：「太醜不用解釋，太美招人妒，自己也常常擔心人老色衰。因此，心無旁騖地經營容顏。至於太富，連逛夜市的自由都沒有，妳說好嗎？」

※　※

太富有，出門不自由，居家不自在。

子產曰：「象有齒以焚其身。」象因牙貴而常招殺身之禍！莊子曰：「皮爲之災也。」虎豹因皮美而成爲獵殺對象。揚雄在「解嘲」文中曰：「高明之家，鬼瞰其室。」即富豪的住宅，必爲盜匪所覬覦。可見福中有禍！

不走極端即是中庸

孔子說：「君子中庸，小人反中庸。」

聖人眼裡的君子，標準過高。如果只有至聖先師心目中的君子，才能守住中庸，那麼，中庸之道就不免成為虹光霞彩，難與現實生活相融合。

其實，中庸之道，通俗一點說，就是不走極端。

對人，能多為別人設想；對事能利弊相權，就近乎中庸了。因此，凡是善良而有智慧的人，都能守住中庸。

心術不正的人，專愛走偏鋒。他們不會顧全大體，也不為別人著想。只知唯利是圖，唯我獨尊。這種心態膨脹到了極點，「你死我活」就變成了標準的行為模式。不用說，任何喪心病狂的事，也都做得出來！

※　※

「爭名日夜奔，攘利東西騖。」是功利主義的最佳寫照。

這一社會病態，若中庸思維不能發生作用，亂象必然持續下去！

小人物大道行

中華民國八十五年，臺北市爆發了震撼警界的集體受賄案，媒體諷之為「有蔘大家吃」！

案中主角周人蔘，在電動玩具業稱霸。如所週知，電玩之所以利厚，是因它具有賭博性。因此，要不受取締，只有用鈔票擺平公權力。

案發，因「吃蔘」招災的官警，多達百來人。有個派出所，幾乎「一網打盡」，「漏網之魚」僅僅一個。（一位出污泥而不染的年輕警員）。

眾人皆醉我獨醒，易；上下盡墨我獨白，難啊！不僅易被同事疑忌、孤立，還可能斷了升遷之路。這種擇善固執多麼不易，而他能於利害得失之間，選擇清廉自持，正是中道精神的發揚！

※　※

柳下惠「不以三公易其介。」這修持的境界太高，不適合對一般人的期許。但孟子說：「西子蒙不潔，則人皆掩鼻而過之。」這段警語，適合惕勵任何人。

執中從權為上

執兩用中是上德；執中從權是上智。

孟子曰：「執中無權猶執一。」不偏不倚，精神可嘉。但若不知通權達變，就和偏執一端，沒有什麼分別。

有個國中生，對媽媽說：

「我在任何情況下，都不會闖紅燈，您大可放心！」

媽媽在家長會中，說給其他家長聽。在場的適公告訴她說：

「遵守交通規則，原則是對的，不過也要教導青少年懂得權變。如果身後發生警匪槍戰或是路口那邊有人受傷呼救，這時雖遇紅燈，還是能闖且闖。畢竟避難和救人，要比守規矩來得重要。」

※　※

很多國文教師，只知咬文嚼字，專在文句裡打轉。因此，學生學到了文法，未必能領悟文義。

目標原則

「一日之計在於晨。」

今天要做那些事，起床後就得想好。即使前晚已經想好，也該重新思索一遍。

某小姐是個朝九晚五的上班族，她讀過「目標管理」、「時間管理」一類的書，自覺頗有心得。

這天，每一項重點工作，時間的分配、運用都很好。晚上，打算八時前去洗頭，睡前把一週換洗的衣服洗好。

在看電視新聞時，男友打來電話，説朋友投資的比薩店今天開幕，約她一道去捧場，她躊躇片刻還是沒答應。結果，第三者抓到機會，從此，也取代了她！

「時間管理」不如「目標管理」有概念，而「目標管理」又太剛性，只有目標原則能發揮「執中從權」的彈性。

※　※

有「常」便有「變」，生活和工作目標，不能訂的太死。在常態下，能設想可能的變數，就容易做到「臨機應變」了！

心物合一身心併重

現代人一味追求物慾，但卻忽略了身心的「死角」。例如，愛美的人，時時不離鏡子，但照出來的只是「浮光掠影」，既看不清自己的內心世界，也看不出軀體的隱疾。

一位到訪的心理學學者感歎地對適公說：

「工業社會，人們的取向往往很極端。有人為追求金錢，不惜犧牲健康，也有人用心營造外在美，卻荒蕪了內心世界。」

「精神與物質若是偏執就是病態，唯有心物合一的思維才最正確。」適公說：「有健康的心理和健康的身體，方能擁有健全的人生！」

「哈，這一思維就中庸多了！」來客鼓掌說。

※　※

功利社會的人，腦滿腸肥之餘，才感到心靈的空虛。於是，有人走進佛門或教堂。但，就像沾滿灰塵的衣服，進了洗衣機灰塵盡除，出了洗衣機又爲灰塵所污染。

不為形格不為勢禁

一位企業家對適公說：

「就現實看，政府層級精簡有其必要，這種疊床架屋式的四級制，行政效率怎會不打折扣？」

「不錯，中央政府只轄一省二市和兩個小島，寧非怪事？」不過，適公說：「從背景和成因看，這是內戰造的偏安之局，當然不是常態。如今，兩岸統一無所謂時間表。而且，又只能寄望和平演變。那麼，精簡就有其必要。」

「就便請教，您對企業發展有何高見？」

「內行問外行，你是考我吧！」適公笑著說：「我願引述左傳中申無宇的一段話供你參考。那就是『末大必折，尾大不掉。』你的企業集團發展太快，應善體斯言。」

※　※

「末大必折，尾大不掉。」是說，樹木的枝葉過於繁茂，遇到強風就會吹折；動物尾巴太長，身軀轉動起來就不靈活。

中禮可貴

語云：「禮多人不怪。」事實上，並非真的不怪，而是人家不便當面表示出來而已。

孔子說：「敬而不中禮，謂之野。」向人家表示敬意，卻不能表現恰如其份的禮節，那就是沒有教養。「恭而不中禮謂之給。」如果恭維過火，那就叫做諂媚，同樣是失禮。

禮能適度，就不違中庸之道。唯有中規中矩的禮貌和儀節，才最能表現誠敬之心和君子風度。

惜乎今人只重禮物不重禮節，好像送人貴重禮物才夠誠意。一想到禮，就不知道買何禮物才好。殊不知送禮，只是表達心意而已，如果不懂禮節，送厚禮也是白送！

※　※

送禮是一門學問，禮節禮貌更是一種藝術。如果自身素養不足，那麼，「將心比心」就不會離譜太遠。

過猶不及都不好

鄰居周太太，打電話問適公夫人，這個時候造訪是否方便，適公夫人表示歡迎。

「昨天她向妳訴説，兒子不爭氣，今天大概又有了新話題？」適公猜想。

「不知道。」夫人漫不經心的回答：「好鄰居嘛，再説肯把私密事對我們訴説，那也是看得起我們，不是嗎？」

周太太一進門就哭喪著粉臉説：

「我那兒子花錢似流水，老公卻節儉得近乎自虐，我講他幾句，他就搬出管子，說什麼『儉則金賤，侈則金貴。』還責備我別目標搞錯，要好好管教寶貝兒子！」

「太儉必嗇，太奢必蹙，實在說都不好！」適公說。

※　※

好奢的人，總爲錢苦；過儉的人，視錢如命。兩者都成了金錢的奴隸。量入爲出還知所儲蓄，豈不很自在？

說理服理從善如流

適公和老伴閒話家常。適公夫人說：

「你說生活簡單最好，又說惜物是美德。兩者有沒有衝突性？」

「應該沒有。」適公回答說。

「沒有？你看，你一個人的鞋子，就有十多雙，拖鞋還未計算在內。平均兩年添雙新鞋，可是，二十年的舊鞋，你還捨不得丟，這能簡單嗎？」

「妳該明白，下雨天穿舊鞋子，泡水不會心疼。」

「傢俱、器皿、什物、衣服，若都是只增加不淘汰，那我們家不就成了廢棄物收集場？」

「謝謝老伴醍醐灌頂，凡事應取乎中道！」

※　※

有進就有出，如果舊物能用，就不必求新。反之，更新莫忘除舊，那麼「簡」字就守住了。居家簡單，空間不會減少，而清潔保養也就省力多了。

剛柔並濟最可貴

適公一得意門生，前來拜恩師。在敘談中，門生問老師：

「老師，一個歷練完整，做人做事四平八穩的人，適合擔當最高行政首長的重責大任嗎？」

「四平八穩的意涵，不妨具體一點？」

「他的道德素養是溫厚謙沖，從不鋒芒外露；他的敬業精神是思慮周密、全力以赴。」

「嗯，這人不亦君子乎？」

「還有，他長於折衝，處事極為圓融。」

「那的確不容易。」適公說：「老子說『天下之至柔，馳騁天下之至剛。』不過，還是剛柔並濟最好！

※　※

剛柔並濟，不是剛柔併用。而是，當剛則剛，當柔則柔。

一個能屈能伸，能剛能柔的人，不是大丈夫就是女強人！

失去中庸難以望治

小珍不懂什麼叫「殺盜非殺」，於是，問哥哥仲子。

「強盜不在人權保障之列，所以，為民除害不等於嗜殺。我的解釋妳滿意嗎？」

「那，這句話是誰說的？」

「這個嘛，妳得請教老爸啦！」仲子轉身望著適公。

「這話是莊子說的，仲子解讀的很好。以強盜為常業的人，如同身上的毒瘤。割除毒瘤，絕非嗜殺、濫殺。」

「可是，綁架撕票的林春生等三名歹徒，過去犯案累累，為什麼判了重刑又縱虎歸山，讓更多的好人遭殃？」

「孔子說：『政寬則民慢』，他還說：『民免而無恥』。司法者不知服膺中庸之道，社會望治可就難了！」

※　※

「政寬民慢。」就是法律和司法過於寬鬆，人民就不把守法當回事。

「民免而無恥。」。是說，法律過於嚴苛，人民就只想規避刑責而忘了不守法是可恥的行爲。

中庸就是美

小珍見媽咪開門進來，眼睛為之一亮，她對老爸說：

「爸，媽怎麼越來越有氣質？」

「妳聽到沒有？」適公迎著老伴微笑著說：「看起來不論年紀大小，審美的標準則是一致的。」

「是嗎？我這樣的穿著，就是本著你的說法，『簡單就是好，中庸就是美。』其實，這件上衣是新的，裙子卻是七八年前的東西。」

「嗯，中庸就是美，極寬極窄極短極長都不好。」

小珍說：「我們那些同學，穿名牌比炫比酷，其實是一窩瘋。可是，他們笑我土，老師和男友倒很欣賞我！」

「我的女兒蠻有原則！」適公看著老伴滿意地說。

※　※

中庸之道，適用於人生的全方位。不論性格、處世、飲食、穿著，……。只要守住中庸，就是美的境界。

自由人權壞人得利

近百年來，民主自由已成政治思潮的主流。但，所有民主國家，皆未達到民主的理想境界。原因就在於不是太過就是不及。

過份強調法律秩序的國家，人民只知畏法而忘了道德。這就是孔子所說：「民免而無恥」。（人民只想規避刑罰而不以犯法為恥。）

過份膨脹人權的國家，公權力經常靠邊站。這就形成孔子所說的「政寬則民慢」。也就是說，立法司法過寬，人民就無視法律的存在。

國票無弊案，五年獄災可換五億臺幣。強姦擄贖，不死人就罪不及死，難怪小市民會說：「法律保護壞人！」

※　※

「政寬則民慢」。是左傳記述孔子所說的話。與「民免而無恥」一語，恰好點出中庸精神之可貴。

善莫大於經營內在美

叨經濟繁榮之賜，越來越多的人，懂得生活藝術。但，這生活藝術，僅止於物質，精神層面依舊貧乏。男女老幼都愛吃美食、穿名牌，出有轎車，居有華屋。然而，腦滿腸肥卻言語無味；衣飾華麗竟不懂禮儀！

因此，美容院林立，健身、減肥大行其道，獨不見充實內涵的賣場。若說有，也不過是應付考試的補習班。

穿金戴銀出國，不受異邦尊敬；自詡禮義之邦，竟不知過境問俗。

恥莫過於浮誇；哀莫大於虛矯。

平衡之道，唯有充實內心世界，經營內在美。畢竟精神物質兩個層面都能掌握，才能展現真正的生活藝術。

※ ※

爲什麼現代人物質文明愈盛，心內世界愈空虛？這就如同汪洋中的小船，雖然，船身打造堅固，裝備也夠齊全，但是獨缺航海方向儀。所以，迷航在所不免。

麵包不等於幸福

電視「非常男女」節目的某一集，「男女主角」都認為婚姻生活的維繫還是麵包第一。但談到愛情與麵包的比重時，竟有人說是三七比！可見，在現代人的心目中，物質遠勝於精神。

在婚後理財的問答中，有位小姐說出自己想法：婚後她的收入歸己，先生的收入，百分之五十入她私囊，百分之四十，由她運用投資（炒股票），剩下百分之十，先生才有絕對支配權！家用生活費，她卻完全忽略掉。

不用說，這位小姐沒有速配成功。

不論時代如何變，把男人視為賺錢的奴隸，把女人視為「生產」的工具，無疑都是異端，惟持平的婚姻觀最健康。

※　※

男人不是打拚賺錢的奴隸，女人也不是生產（傳宗接代）的工具。夫妻本是生命共同體，可以分工，應該共榮，若凡事惟我獨尊，惟我所利，那是自掘墳墓！

刑故無小

新聞報導：有四個綁匪，把三男一女押往山區，然後，留下一匪負責看守，另三匪押著一男下山提款。看守的匪徒突發淫念，要強姦女性被害人。結果，被那女子咬傷下體。兩個男性被害人，趁綁匪呼痛時，奮力掙脫繩索，將綁匪亂刀殺成重傷，送醫不久宣告死亡。小珍問適公老爸說：

「爸，法官要查是否防衛過當，您認為有道理嗎？」

「這只是辦案程序。」適公說：「法官應不會……」

「可是，法律保障人權，總是壞人沾便宜！」

「皐陶説：『宥過無大，刑故無小。』」適公感歎地説：「如果法官都能守住這一原則，很多人就不敢以身試法，可惜司法官多不知執中從權，以致司法功能不彰！」

※ ※

「宥過無大，刑故無小。」是説，無心之過，雖然罪責較重，也應從輕發落。蓄意犯罪，即使罪行較輕，也要重判。至於累犯慣犯，那就更加不可輕宥！

養生也須心物合一

追求健康長壽，是現代人共同的願望。

如何追求健康長壽？有人是營養第一，有人是運動至上，也有人講求食補和藥補。那些有宗教背景的人，就特別強調靈修。

人，既不是純「肉」，也不是純「靈」。人是靈、肉的一體兩面。獨鍾靈修是「執一」，強調保健也是「執一」。換言之，兩種極端皆有一偏之失。

正確的觀念，注重身體保養的同時，也要兼顧心理的建設。若只重形體的維修而忽略內心的營造，必然事倍功半，甚至徒勞無功。

只有心物合一的養生之道，才是健康的！

※ ※

有些事業成功的人，什麼都有，就是得不到快樂。看他走路不穩，就知道他的心理很不平衡。

年老的人喪偶，另一半往往也不久人世，何以故，顯然是生活失去重心、心理難以平衡。

生態保育的反思

人類是破壞自然生態的罪魁，但從平衡定律的角度看，生態保育觀念，也有反思的空間。

以海洋來說，海底生態的食物鏈關係極為明顯。簡單地說，就是大魚吃小魚，小魚吃蝦，蝦吃浮游生物。而那大魚，又被寄生菌蟲無情啃噬。物物相剋，沒有贏家，也沒有輸家。

龐大的座頭鯨，一口就吞下上千條鮭魚，一天要吃掉一噸各類小魚。但被吃的魚類，絕對不會因此絕種。

相反地，有些繁衍太快的魚類，如果不經食物鏈的運作予以調節，牠們的生存空間就有問題。

凡事不可主觀意識太強，否則，就不具說服力。當然，趕盡殺絕與絕對保護兩個極端，也要取得平衡點。

※　※

生態平衡若不違背自然定律，就不是問題。人力過度介入，不論破壞性或建設性，都會產生負面效應。

行善也要從權

適公牽著老伴的手，在××商圈逛街。夫人瞅見一間連鎖超商的騎樓，有個半截身軀的乞丐。他沒有下肢，可是上身長得很體面。白白胖胖，西裝頭梳得整齊、閃亮。面前擺著一個塑膠盤子，過路人都毫不猶豫地向裡丟錢。

適公老伴丟下一百元臺幣，適公不以為然地說：

「妳是幫他的主人斂財！」

「老夫子，你怎麼一點惻忍之心也沒有？」夫人說：

「難道你不知道，路人施捨的太少，回去他會挨揍嗎？」

「一元太少，百元太多，十元就夠了。」

「這也叫『中庸之道』？」

「嗯，善心也不宜太濫，此即所謂『執兩用中』是也！」

※　※

各地都有人，把殘肢者當作搖錢樹，每天換個地方，路人基於同情，無不慷慨解囊。一天收入一二萬，一個月就淨賺數十萬！而用於殘肢者的花費，卻不到一萬元。

以客為尊才是重點

某民營公車公司，為激勵司機，提高出勤率，每月依出勤次數，核發績效獎金。有的司機就常常跑半圈折返原點。於是，公司又改絃更張，以載客人數為核發標準。

「前車過站不停，還以手勢暗示後車將到。可是，我等了十多分鐘呀！」乘客向司機抱怨說。

「上有決策下有對策嘛。」司機說：「為了多領獎金，前車就想趕去人多的站搶乘客。」

原來如此，乘客氣憤地說：

「老闆為公司盈利著想，你們則為自己荷包著想，請問，把我們這飲食父母的乘客放在那裡？」

如果勞資都把乘客的利益擺中間，那就中庸多了！

※　※

經營者總想如何掏盡顧客的荷包，很少會站在顧客的立場去設想。這就是經營理念的盲點所在。

一心可興邦；
一心可書香滿人間。
如果您讀後感到滿意，
希望介紹或購送親友。